Criaturas rastreras

LOS MILPIÉS

GAIL RADLEY

BLACK RABBIT BOOKS

Bolt es una publicación de Black Rabbit Books
P.O. Box 3263, Mankato, Minnesota, 56002.
www.blackrabbitbooks.com

Marysa Storm, editora; Grant Gould, diseñador;
Omay Ayres, investigación fotográfica
Traducción de Travod, www.travod.com

Información del catálogo de publicaciones de la biblioteca del congreso
ISBN 978-1-62310-200-5

Impreso en los Estados Unidos de América

Créditos de las imágenes

Alamy: Daniel Borzynski, 26 (superior); MichaelGrantWildlife, 11; bigking.info: LianTze Lim, 23; bugguide.net: sfloydevans, 18; commons. wikimedia. org: Bjørn Christian Tørrissen, 20–21; Franco Folini, 17 (pie); Jörg Spelda, 16 (pie); Marek, P.; Shear, W.; Bond, J., 28–29; Sarefo, 16 (superior); Stemonitis, 17 (superior); Dreamstime: Kriangkrai Saikasem, 17 (medio); Woravit Vijitpanya, 14 (medio); orkin.com: Orkin, 22; pestwiki.com: Unknown, 22–23 (superior); pickle.nine.com/au: Pickle, 29; Science Source: Fletcher & Baylis, 4–5; Nicolas Reusens, 6–7; Shutterstock: Adisak Rungjaruchai, 8–9; clarst5, 25 (pajaro); crystaltmc, 14 (superior); D. Kucharski K. Kucharska, 28; docter_k, 14 (pie); enterphoto, 31; Eric Isselee, 25 (ratón); Federico.Crovetto, 25 (lagartija); Iuliia Azarova, 25 (hongos); kamnuan, 25 (milpiés); Kritsana Pitlertpitak, 22–23 (pie); Martial Red, 12–13 (silueta); MR.Phakpoom Mahawat, 1; Niney Azman, 19; oumjeab, 25 (plantas muertas); PK.Phuket studio, 25 (plantas vivas); Sakdinon Kadchiangsaen, 12–13 (fondo); Stockcrafterpro, Cover; Yogesh_more, 3; Yuttana Joe, 32; simple.wikipedia.org: Esculapio, 26 (pie)

Se ha hecho todo esfuerzo posible para establecer contacto con los titulares de los derechos de autor del material reproducido en este libro. Cualquier omisión será rectificada en impresiones posteriores previo aviso a la editorial.

CONTENIDO

CAPÍTULO 1

Conoce al MILPIÉS

Cae la noche en el bosque. Cientos de milpiés se arrastran fuera de sus escondites. Con movimientos en forma de onda, se arrastran por el suelo del bosque. Se mueven lentamente, vagando a través de la tierra húmeda y las hojas.

5

COMPARACIÓN DE TAMAÑOS

Muchas patas

Los milpiés son **artrópodos** con cuerpos lisos y redondeados. Sus cuerpos tienen muchos **segmentos**. La mayoría de los segmentos tienen dos pares de patas. Hay más de 10.000 tipos conocidos de milpiés. Los hay de diferentes tamaños. La mayoría de los tipos tienen entre 40 y 400 patas.

CARACTERÍSTICAS DEL MILPIÉS

CABEZA
ANTENAS

CAPÍTULO 2

DÓNDE VIVEN Y QUÉ COMEN

Los milpiés viven en todo el mundo. A ellos les gustan más los lugares cálidos y húmedos. Suelen hacer sus casas en plantas podridas. Algunos milpiés viven bajo la corteza de los árboles, debajo de las piedras o bajo las hojas.

El mundo del milpiés es oscuro. Pero eso no es un problema. Los milpiés no necesitan ver. ¡Algunos ni siquiera tienen ojos! Ellos encuentran su camino usando las antenas.

MAPA DE DISTRIBUCIÓN DE LOS MILPIÉS

Los milpiés viven en todos los continentes excepto en la Antártida.

COMER HOJAS MUERTAS

COMER HONGOS

ABRIÉNDOSE PASO POR LA TIERRA

La vida entre los muertos

La mayoría de las casas de milpiés son también su cena. Estas criaturas comen hojas muertas, plantas y hongos. Los milpiés van abriéndose paso a medida que se comen sus hogares ocultos. Algunos empujan a través de la tierra como topadoras.

Algunos milpiés comen pequeños insectos y plantas vivas.

TIPOS DE MILPIÉS

QUE HABITAN EN CORTEZAS

cuerpos diminutos viven debajo de la corteza de los árboles

PERFORADORES

tienen cabeza pequeña y puntiaguda son buenos para ensanchar las grietas de las paredes

TOPADORAS

largos y delgados
se abren paso por la tierra
con sus duras cabezas

QUE SE ENROSCAN

cuerpos cortos
se enroscan y
se hacen bolitas

TIPOS CUÑA

no tan redondeados con cuerpos blindados
usan sus cabezas planas para abrir
espacios pequeños

CAPÍTULO 3

VIDA FAMILIAR

En primavera, los milpiés hembras hacen nidos de tierra y de sus propios desechos. Luego ponen hasta 300 huevos.

La mayoría de los milpiés madres no cuidan sus huevos. Después de la eclosión, las crías de milpiés deben cuidarse solas.

Muda

Los milpiés jóvenes tienen pocas patas. Pero pronto cambian su piel y les crecen patas. Este proceso se llama muda. Los milpiés mudan varias veces. Con cada muda, se agregan más patas y partes al cuerpo.

Los milpiés a menudo se comen su piel después de la muda.

CICLO DE VIDA del milpiés

Los milpiés hembras ponen huevos.

Los jóvenes se convierten en adultos en un período de uno a cinco años.

Los huevos eclosionan en unas pocas semanas.

Los milpiés jóvenes mudan y les crecen más patas.

CAPÍTULO 4

SUS FUNCIONES en el mundo

Los milpiés son una parte importante de la cadena alimentaria. Muchos animales se los comen. Los milpiés tienen varias formas de protegerse de estos **depredadores**. Muchos se enroscan en bolas para protegerse la cabeza y los pies. Uno de los milpiés erizados golpea a los atacantes con la cola. Las **cerdas** se adhieren a los depredadores. La mayoría de los milpiés exudan veneno de sus **poros**. Algunos tipos de veneno de milpiés son mortales para ciertas criaturas.

Cadena alimentaria del milpiés

Esta cadena alimentaria muestra qué seres comen milpiés. También muestra lo que comen los milpiés.

Hay un tipo de milpiés de California que brilla en la oscuridad. Su resplandor les indica a los depredadores que se mantengan alejados.

Recicladores

Los milpiés son buenos para el medio ambiente. Comen plantas y animales muertos. Sus excrementos enriquecen el suelo. Al abrirse paso a través de la tierra, los milpiés dejan espacio para el aire y el agua. Estas acciones ayudan a que crezcan nuevas plantas. Los milpiés son una parte importante del mundo.

CUESTIÓN DE NÚMEROS

hasta
11 años

POR CUÁNTO TIEMPO PUEDE VIVIR EL MILPIÉS PÍLDORA BRITÁNICO

alrededor de 7 pies (2 metros)

cuán largos creen los científicos que eran los milpiés **prehistóricos**

200

CANTIDAD DE POROS VENENOSOS QUE TIENE UN MILPIÉS DE CUEVA DE CALIFORNIA

CUÁNTAS PATAS PUEDE TENER UN MILPIÉS ILLACME PLENIPES

hasta 750 patas

GLOSARIO

artrópodo: animales pertenecientes a un gran grupo, como cangrejos, insectos y arañas, con miembros articulados y un cuerpo formado por segmentos

cerda: pelo corto y rígido

depredador: animal que se come a otros animales

espiráculo: abertura en el cuerpo que se usa para respirar

hongo: ser vivo, similar a una planta que no tiene flores, que vive de cosas muertas o en descomposición

poro: una abertura pequeña

prehistórico: existente en tiempos anteriores a la historia escrita

segmento: una de las partes en que se puede dividir algo

ÍNDICE